CONVERSATIONAL EXERCISES IN THE SHANGHAI DIALECT

This edition published by Lector House in 2024

ISBN: 978-93-5800-987-3

Lector House LLP
Registered Office: H. No. 96, Block C, Tomar Colony,
Burari, Delhi – 110084, India
info@lectorhouse.com
www.lectorhouse.com

CONVERSATIONAL EXERCISES IN THE SHANGHAI DIALECT

JAY WILLIAM CROFOOT,
FRANK JOSEPH RAWLINSON

2024

LECTOR HOUSE LLP

民國四年

滬語開路

耶穌降世一千九百十五年

上海美華書館擺印

CONVERSATIONAL EXERCISES IN THE SHANGHAI DIALECT

A SUPPLEMENT TO DR. POTT'S LESSONS IN THE SHANGHAI DIALECT.

BY

J. W. CROFOOT AND F. RAWLINSON.

Contents

PART II.
ADDITIONAL EXERCISES ON COMMON SUBJECTS.

Introduction.

The purpose of this little book is sufficiently indicated in the sub-title. The plan of the book is to furnish a connected dialogue or story based on the vocabulary of each lesson in Dr. Pott's book, together with review lessons based on the vocabularies of several lessons. While it has been the aim to use only those words in each exercise which have already been met in the lessons, and to make use of as many as possible of them, the difficulties of that form of composition are obviously so great that no doubt we shall be forgiven for not entirely succeeding. Most of the exercises based on several lessons together have been prepared for the use of the foreign employees of the Shanghai Municipal Council, and most of those based on single lessons, for a class of new missionaries conducted under the auspices of the Shanghai Missionary Association.

As to the manner of using this book the authors have decided convictions. *This is not a reading book for the student.* The student should learn to understand and speak the exercises by ear only.

With the exception of the first lesson which is translated as an aid to the student in getting into communication with the teacher we do not recommend that the exercises be translated at all.

It will be noted that the second exercise is based on Lesson 5. This is because before Lesson 5 of Dr. Pott's book the vocabulary is necessarily so limited as to make connected discourse impossible. But having measurably learned five lessons in Dr. Pott's book the student should be able to understand Exercise 2 in this book on hearing it read by the teacher. If he can not do so at once it will not be strange, but by repetition it should be possible for him not only to understand it but to reproduce it. Those of the exercises which are dialogues should be used as such between student and teacher. Those which are short stories should be told over and over by the student to the teacher, after the general idea is in the students mind or written down as a note. We believe it is better not to write a full translation. Try to cultivate the habit of thinking in Chinese.

The second part of the book contains exercises on common subjects based for the most part, though not entirely, on the vocabulary of Dr. Pott's book.

November, 1914.

PART I.
EXERCISES.

Exercise 1.

Introductory dialogue.

1 請先生教我中國話。 2 好个。中國字要讀否。 3 中國字。現在勿要緊。 4 蓋末那能讀法。 5 請讀第句撥我聽。 6 我話來對否。 7 儂話來聲氣太高。 8 第个字个聲氣。搭之伊个字个聲氣。一樣个否。 9 兩樣个。 10 啥个兩樣。 11 第个字出風。伊个字無沒風个。懂否。 12 有點懂个。勿曉得會話否。 13 只好話話看。

Translation of Exercise 1.

1. Please sir teach me Chinese (speech).
2. Good. Chinese characters, do you wish to read?
3. Chinese characters, now (are) not important.
4. Then how (shall we) read?
5. Please read this sentence and let me listen. (Give me hear.)
6. Do I speak correctly?
7. You speak with too high a sound.
8. Does this character have the same sound as that? (This character's sound with that character's sound one kind?)
9. Different. (Two kinds.)
10. What (is the) difference?
11. This character is aspirated, that character has no aspiration. Do you understand?

12. I partly understand. (Have some understanding.) I don't know whether I can say it or not.

13. The only way is to try. (Only good, try and see.)

Exercise 2.

Based on Lesson 5.

我要儂去叫一个木匠。 要一个木匠做啥。 要伊做一扇小門咾。一只大箱子。 有一个好 个木匠。是我个朋友。伊現在無啥做。我叫伊明朝來否。 頂好叫伊今朝吃子飯就來。

Exercise 3.

Based on Lessons 1–5.

先生飯吃末。　吃哉。　先生儂是大門裡進來个否。　是拉个。　啥人來開門个。　嘸啥人　來開。門勿曾關咾開好拉。　呒。第个是勿好。我要叫我个用人來。　用人。有啥人出去末。　門要關好。有啥人進來末。要儂來開門。先生進來。門開好拉咾。一个嘸啥人拉。儂拉那　　裡。　我拉木匠个房子裡去。担一隻牀。　牀做好拉末。　做好之咾担來拉哉。　儂去叫伊　　搭我做一隻箱子咾。兩根棒。要叫伊做來好點。　箱子做大个呢小个。　勿大勿小。五塊洋錢 一隻个。好哉。

Exercise 4.

Based on Lessons 1–5.

陸先生儂來要啥。 我要來担一隻枱子。六把椅子。三十把刀咾十五把叉。有否。 有个。 第 隻抬子儂担去末哉。 第隻枱子是小點。勿好用。我要伊隻大點个。好否。 好个。儂要來 做啥。 我要請我个朋友來吃飯咾。 請啥个朋友。 是請三位先生咾。七个學生子。三个 女人咾。四个小囝。 小囝是啥人个。 先生个兒子咾囡。 三位先生做啥生意个。 一位 是讀書人。兩位末是做扇子咾帽子生意个。 請伊拉吃點啥。 請伊拉吃牛咾羊。蛋咾 橘子。 蠻好。枱子咾啥。叫儂个用人來担末哉。

Exercise 5.

Based on Lesson 6.

我叫一个西崽買點生梨咾桃子。　伊進來對我話現在拉上海無沒。　伊話伊拉路上看見一个　馬夫問伊話。　儂有啥舊衣裳否。　西崽撥伊一雙鞋子。　一个裁縫撥伊一雙襪。　一个　中國先生撥點飯拉伊吃。

Exercise 6.

Based on Lessons 1–6.

西崽有啥人來末。來叫我。　已經有一个中國人垃裏。　伊拉那裏。　伊拉老先生个房子 裏。　去請伊來。我要搭伊話中國話。

孫先生我个中國話話來好否。　儂个中國話嘸啥好。 儂要學中國話。頂好末去請一位先生。　買一本書來讀書。　我嘸末中國朋友。孫先生儂有啥　朋友。好來做我个先生否。　垃拉　上海有个。儂要末。我去請伊來。　儂个朋友是本地人　否。　是拉个。　伊已經做過歇 外國人个先生否。　做過歇个。　蠻好。儂去請第个朋友來 末哉。

Exercise 7.

Based on Lesson 7.

我到上海去。看見一个本地人着外國衣裳。我對伊話儂住拉那裡。　伊回頭話我住拉學堂　裡。　我問伊啥人撥儂伊个黑帽子。伊話爺娘撥我个。　我問伊到那裡去。　伊話到城裡　去買兩本書。　我問伊着外國衣裳冷否。　伊話頭咾脚冷个身上勿冷。

Exercise 8.

Based on Lessons 1–7.

馬夫呀。我要喊一个人來做西崽。儂有啥朋友可以替我喊一个來唔。 有个。我有一个兒子。 先生要末。我可以喊伊來个。 伊第个事體做過个末。 勿曾做歇个。 現在伊拉啥地方 呢。 伊今朝拉屋裡。勿做啥事體。 格末。儂想伊第个事體會做个唔。 會得做个。 格 末喊伊來做一个禮拜咾。試試看末哉。 蠻好。謝謝儂。 一个月要幾化銅錢。 做做看咾 話末哉。 我个意思末。因爲伊勿曾做過歇咾。不過撥伊六塊洋錢一个月。好否。 好个。 格 末儂阿要先去對伊話唔。 是个。 幾時可以叫伊來。 明朝可以來个。 格末幾點鐘呢。 頂 好末兩點鐘。 明朝兩點鐘。伊勿能來。三點鐘好否。 嘸啥。好个。

Exercise 9.

Based on Lesson 8.

我个朋友請我一淘去看一座塔。　侃叫之兩部東洋車。坐到之小路。拉小路上坐之一部小　車。　侃看見一个中國女人。坐之一頂轎子。　我个明友看見一隻羊從墳山上跑下來。伊个　眼睛是小个。伊个耳躲長个。　侃到之一个學堂个門口頭。有一个學生子話。外國客人來　哉。　伊个學生子个爺。認得我个朋友。　伊曉得我个朋友。是做醫生个。　請伊看伊个小　囝个鼻頭。　伊放一隻手拉小囝个面孔上。　小囝話痛來。　小囝个爺對醫生話。儂倘然明　朝再來看末。我撥儂兩塊洋錢。

Exercise 10.

Based on Lesson 10.

我个爺出去到一爿店裡去買一隻有柚屜个檯子。　拉路上搧着一个外國醫生。　對我个爺　話。　我垃拉尋房子。　爲之尋勿着咾。要想自家造房子。　儂認得啥好个泥水匠否。　回　頭話。　認得个。　蓋末叫伊來好否。　回頭話。　現在伊勿垃拉上海。　蓋末寫信去叫伊　來好否。　回頭話勿可以个。　爲啥咾。　回頭話。因爲伊勿識字。　外國醫生話。　我　聽見人話。現在个男人女人小姐咾啥。全識字个。　我个爺話。勿是个。伊是勿曾識字个。　爲之無人教伊咾。　實蓋末。我个爺搭伊分開之咾回到屋裡來哉。

Exercise 11.

Based on Lesson 10.

　　昨日我讀書。讀到四點鐘。難末我請王先生搭我一淘到城裡去。我伲過一條橋个辰光。看見　一隻水牛拉水裡。伲進之南門咾拉大街上走。王先生請我到伊个屋裡去。我問伊个屋裡拉啥　地方。有幾化路。伊話近來死。不過一顏路。伲走到之王先生个屋裡。看見伊个用人拉燒飯。　王先生呌伊拿茶來。對我話。請用茶。我話謝謝。吃之茶咾就轉來。

Exercise 12.

Based on Lessons 1–10.

馬夫。儂從那裏來个。　我末從東塔轉來个。　垃拉第座塔場化。做點啥事體。　嘸啥做。　格　末儂拉伊頭。看見啥物事唔。　看見一頂轎子咾一部馬車。轎子裡坐个中國人。是吽戴先生。　就是儂學堂裡个學生子个爺。　有啥外國人唔。　有个。不過我勿認得个。　伊拉垃拉做　啥。　拉一淘白話。　伊拉話到啥个事體。　我勿曉得。因爲聽勿見咾。　伊个外國人。阿　會話中國話否。　會話个。而且也識中國字个。　儂那能曉得伊呢。　我自家看見伊。拉讀　一本中國書咾。我也看伊拉是好个朋反。　爲啥咾。　因爲伊拉拉一淘吃飯也。　吃个飯從　那裏得着个。　有一个用人拏來个。　儂阿曾搭伊拉白話否。　勿曾。　現在伊拉拉那裏。　已　經走到上海去哉。

Exercise 13.

Based on Lessons 1–10.

西崽呀。有啥人來唔。　有个。有一位教書个先生來哉。　謝謝儂。去請伊裡向來。　呋曉　得哉。　先生尊姓。　敝姓陸。　陸先生我要搭儂白話。　好。請話末哉。拉第隻枱子上个　幾樣物事。儂看見過唔。　看見个。　我勿曉得第个物事叫啥。有啥个用頭。謝謝儂。話撥　我聽。好唔。　好个。第个幾樣物事。是讀書人用个。第隻末是叫一把茶壺。　呋。裡向有　啥物事唔。　拉裡向末。有吃个茶。　第个茶是冷个呢熱个。　是熱个也。中國人勿大要　吃冷茶。　爲啥咾。　因爲勿好吃个咾。　呋。若然第把茶壺裡个茶熱末。請儂吃末哉。　呋。　謝謝儂。我勿要吃。我就要去哉。因爲拉外頭有事體咾。　呋。請儂明朝來。我還要學中國 話。

Exercise 14.

Based on Lessons 1–10.

孫先生謝謝儂。我有幾句說話要問問儂。　好。請問末哉。我今朝看見有三个中國人到我　屋裡來。　勿差。人是有个。一个末是漆匠。一个末是郎中。第三个末是西崽个朋友。　呋。　現在伊拉拉做啥。　現在末伊拉拉吃飯。　請伊拉到裡向來。搭我白話白話好否。　好个。　我已經對伊拉話過拉哉。伊拉現在垃拉門口外頭。　呋。請伊拉一个一个進來。　現在先請　第个郎中進來好否。好个。　郎中先生。儂到我个屋裡來做啥。　我是來看看儂个燒飯个。　爲啥咾。　因爲伊身體勿那能好咾。　呋。現在好點否。好點哉。謝謝儂。　請孫　先生再喊漆匠走進來。　呋伊垃裡哉。漆匠。儂拉此地有啥事體。　我末來問儕房子上要　做啥㖞。　格末爲啥拉我个屋裡向吃飯呢。　爲之儂个馬夫認得我个咾。伊請我吃个。　呋。　還有一个搭儂一淘拉吃飯个是啥人。　伊个是西崽个朋友。　格末儕三个人要幾時去呀。現　在拉我个屋裡人忒多。　曉得哉。我伲就要去哉。

Exercise 15.

Based on Lessons 11.

李先生前日子到王先生个屋裡去。還看見啥別樣物事否。 有个。看見多化人拉路上跑。 爲 啥咾跑。 我勿曉得。恐怕要看外國人。 伊个多化人話啥。 我勿懂伊个說話。我聽見人 話。拉南門有燒脫房子个事體。不過我勿曉得是過日子夜快呢。昨日朝晨。 李先生看見火 燸否。 火燸是啥意思。我勿明白。 火燸末。就是房子撥火燒脫。 吠。伊个事體。我聽 見歇个。但是我忘記。現在我記得哉。我聽見人話。有一个漆匠。打一个蚊子。打壞脫之一盞燈。爲之風大咾。房子火燸哉。

Exercise 16.

Based on Lesson 12.

請馬醫生來看看我个爺好否。　儂个爺爲啥勿到此地來。　因爲伊走勿動咾。伊拉啥場　化。　伊垃拉灶間裡。　伊外國話會話否。　話勿大來。不過有點聽得出。　醫生到灶間裡　去問伊話。　老伯伯儂請我來啥事體。　爲之我个脚走勿動咾。　請醫生來看。　爲啥走勿　動呢。　爲之上月三十日我跑拉路上。撥拉一隻狗咬之一口咾。　咬壞拉脚个下底呢上　底。　壞拉脚底上。請馬醫生看看。有啥做法否。　儂等一歇。我去拿點藥來擺拉上。就好　个。儂那能到第頭來。　我坐之東洋車咾來个。　儂飯吃末。　勿曾哩。　西崽。伲个饅頭　吃完拉末。　勿曾吃完。　蓋末拿點饅頭撥儂个爺吃。也撥伊兩只橘子。呌伊後日再來看。

Exercise 17.

Based on Lesson 18.

阿三我要對儂話幾句說話。儂拉第兩日裡做功夫。做來勿好。實蓋个做法。我勿相信儂。昨 夜頭吃飯間裡个門。爲之儂忒歡喜睏咾。勿曾關好。今朝敲之六點鐘。儂還勿曾綠起來。寫 字間裡个物事。攏總勿曾放好。窗也勿曾揩。儂拉房間裡。不過做之半點鐘。做來忒快。後 來儂像飛个能。跑到茶舘裡去孛相。第个是勿可以个。現在拉上頭揩面檯上有一隻小老虫。 跌拉面盆裡。死拉化。去拿伊下來放拉外頭燒脫伊。儂若然實蓋做法末。我勿肯付工錢拉儂。 我勿要儂想第个是孛相个事體。所以對儂話清爽。

Exercise 18.

Based on Lesson 14.

李先生。我有事體要告訴儂。儂告我做个事體。我勿會做个。因爲西崽做之勿應該做个事體　咾。伊每日呌我生火咾掃地。揩地板。幷且伊對我話。儂慢來死。伊告我做一樣事體。還勿　曾做好末。又呌我做別樣。所以我做勿成功啥。我雖然蠻用心做。但是伊勿快活咾對我話。　一把掃帚放拉那裡。一隻雞殺拉末。一雙筷快點拿來。還有多化實蓋个話頭。使我心裡勿歡　喜。幷且纔纔呌我拿一隻重个箱子到伊个房間裡去。我勿肯末。伊用手来打我。伊倒算我是　伊个用人。然而實蓋末我一定勿肯對伊做功先。

Exercise 19.

Based on Lesson 15.

現在我墻頭有一樣好笑个事體。有一个中國人。歡喜着外國衣裳。伊个着法。實在是希奇个。　　伊个帽子是趣个。伊个衣裳是怕个。伊个右手戴之手套。伊个左手是勿戴个。伊買外國衣裳。　勿曉得强咾貴。早兩日伊跑到一爿店裡去。要買高个帽子。店裡个人。叫伊除脫之舊帽子。　伊起頭勿肯。店裡个人話。新帽子要帶帶看。難末伊就除脫之舊帽子。但是有一條蠻長个　辮子拉裏向。人看見之末笑煞哉。邊頭有一个人話。買第件外國衣裳好否。伊話勿要。是爲　　之忒小。店裡个人話。是大來死个。叫伊脫脫之舊衣裳咾着着看。雖然忒長咾忒大。伊倒買　　來帶到之屋裡去。店裡个人好笑得極。中國人著外國衣裳。若然勿當心伊个著法末。外國人　　要戲笑伊。

Exercise 20.

Based on Lessons 1–15.

熱天末。人人勿歡喜讀書咾怕做事體。爲之拉第个辰光。中國地方有多化蚊子。要叮人个　身體。使得人拉夜裡睏勿起。所以到之日裡末。人就勿能彀用心做啥。拉勿應該睏个時候就　要睏。有多化嘸銅錢个人末。住个房子低咾小。吃个水咾物事勿當心。到之天熱个辰光末。　身體就要勿大好。但是我看頂好學外國人个法子。去住拉山上歇个兩三个月咾勃相相。過　忒之熱天咾下山來做事體。第个是頂好个法子。因爲拉山上个地方。房子末高咾清爽。而且　風也是蠻大。蚊子末一隻嘸沒个。人去住拉伊頭。心裡蠻快活。我望偌中國朋友也去試試看。

Exercise 21.

Based on Lessons 1–15.

昨日下半日。我做完之我个事體咾。從寫字間裡出來。一路走勃相。走到之一隻禮拜堂个 門口頭。掽着兩位中國先生。一个是勿認得个。一个末就是我先生个朋。伊拉兩个人拉白話。 我想現在一顏嘸啥事體。時候末只必過六點半鐘。若然到屋裡去吃夜飯末還忒早。倒還是拉 此地立一歇。聽聽伊拉講白話。格末也可以撥我學着點上海話。所以就搭伊拉一淘。用心 聽拉。但是聽見伊拉所講个說話。全是希奇个事體。一个人話昨日我个西崽轉來告訴我話。 伊看見一个木匠。担之一把快个刀。殺脫一个人。還有一个人話。我過日子拉路上。看見一个 郎中。坐之一頂轎子。爲之轎夫跑來忒快咾。郎中先生從轎子裡跌出來。跌壞之伊个一隻脚。 我聽之第个多化說話。看看辰光已經七點多鐘哉。就搭伊拉脫脫帽子咾轉來。

Exercise 22.

Based on Lessons 1–15.

有一个外國人。拉禮拜日上嘸啥做。想要到城裡去孛相。但是伊話勿來中國話。所以請伊个 教書先生。搭伊一淘去。外國人末走到上頭房間裡。着之新个衣裳。戴之新个帽子。喊西崽 去叫好之一部馬車。對屋裡人話。若然有客人來看我末。對伊話。我到上海去哉。伊拉兩个 人末。就坐之馬車。到之城門口頭咾趤下來。對馬夫話。儂拉此地等一歇。我伲去頂多三个 鐘頭。就要出來个。難末伊拉進城去。跑到之一座廟裡。拉廟門口兩半爿有多化中國店。看見多化希奇个物事。走到廟後頭。有一條河。拉河當中有一爿茶館。兩个人就過之一條石橋。 走進去坐坐談談咾吃茶。吃之一歇。看看辰光已經要夜快哉。格咾兩个人就出城坐之馬車咾 轉來。

Exercise 23.

Based on Lesson 16.

丁先生今朝為啥晚來死咾來。因爲我拉屋裡有要緊事體咾。來勿及早點來。啥个要緊事體。　爲之我个小囝生病咾。生啥个毛病。我勿曉得伊生啥个毛病。不過曉得伊身體熱吃勿落。　哭勿停。蓋末丁先生儂那能做法呢。我叫之兩个轎夫。擡之伊慢慢能走咾。領伊到醫生場化　去看。醫生叫用人拿熱水咾面盆來。對伊淨面咾淨手。我問醫生第个毛病醫得好否。醫生話　難話。第个毛病勿輕。伊拉抽屜裡拿出一樣勿曉得啥个物事來。撥拉小囝吃。小囝話。苦來。　醫生話。我明朝撥儂吃甜个物事。我動身出來个辰光。小囝越加哭得極。所以今朝請楊先生　讓我朝點去看看伊。好否。另外還有一樣事體要請問楊先生勿曉得可以否。啥事體。爲之現　在屋裡煩難咾。請楊先生借十塊洋錢撥我。下个月還儂。好否。十塊恐怕勿能。儂等一歇。 我借五塊撥儂。

Exercise 24.

Based on Lesson 17.

今朝請丁先生寫一封信撥拉學生子个爺。對伊話。儂前日子來望望儂个兒子个時候。我忘記 對儂話幾樣事體。就是開學到難。儂个兒子勿曾淨浴。請儂預備一條大手巾。隨便幾時拿來 撥拉伊。第个小囝忒歡喜孛相。伊每日放學之候。常庄到外頭去買蘋菓咾花紅來吃。有一回 伊到山上去孛相咾。撥拉一條蛇咬之伊个脚指頭。還有一遏。拿一隻籃落拉井裡。第隻籃裡 有兩封信。一把扇子。幾張紙頭。第隻井是勿深个。後首豪燥拿出來末。已經濕來無用哉。 并且伊常庄去動一塊黑版咾一幅地理圖。夜頭末點之蠟燭咾睏。房子差勿多要火燒。伊實蓋 能个做人。開年可以勿必來。

Exercise 25.

Based on Lesson 18.

昨夜頭我聽見人敲敲。我就走出來咾看見多化人跑過去。我跟之伊拉大約半里路咾。看見　人拿繩來縛牢一个人。我問伊啥事體。伊對我話。伊个人是賊。我問伊賊那能進房子。伊話　我解釋撥儂聽。我拉屋裡睏着拉。聽見我个狗拉叫。我錄起來看。離開我个房間裡个窗勿遠。　有一个人拉拿一塊肉撥拉狗吃。拉門口頭个一盞燈已經撥伊吹隱者。我就喊捉賊捉賊咾。　跑出來捉伊。第个人就是上月拉我朋友壚頭。偷之一尊菩薩。一棵花。搭之一件五顏六色个　衣裳。我問伊那能曉得是第个人。伊話一樣末是爲之伊怕咾勿乾淨。第二樣末是爲之伊左手 有毛病。所以我看得出伊。

Exercise 26.

Based on Lesson 19.

　　呋。張先生長遠勿看見豈勿是出門拉否。　勿差。是出門拉。到各處去做生意。　做啥个　生意。　現在是拉賣布。　張先生拉外頭看見啥事體否。　看見个。前日子拉蘇州離開西門　約酌一里路。看見一个苦腦人。話伊從上海到蘇州去拜菩薩。望伊个兒子到火車站上來迎接　伊。但是伊个兒子勿來接。撥拉一个車夫暗暗裡偸脫之一隻錶。伊个身邊只有幾角小洋錢。　伊到各到落處去尋兒子。直到銅錢用完之。後首來伊當脫之一件衣裳。我問伊今朝吃歇啥否。　伊話還勿曾吃啥。問伊昨日那能。伊話差勿多。不過吃之一个蛋咾。一塊燻魚。我問伊个兒子　登拉个地方呌啥。伊話伊个兒子現在搬之場哉。　我勿曉得伊个苦腦是眞个呢是假个。因爲　假个是交關咾。我想撥伊銅錢勿大穩當。所以我對伊買之一張上海火車票咾呌伊轉去。

Exercise 27.

Based on Lesson 20.

李先生我要告訴儂。一様信息外國人算希奇个事體。拉伲墻頭有一个小官府。伊个爺是初三　死个。伊初四討娘子。　那能有實蓋个事體呢。　因爲中國人死之爺娘。是三年工夫勿可以　討娘子。不過拉纔纔死个辰光可以个。　約規死之幾日末勿可以討娘子呢。差勿多五七以後　就勿可以哉。　呋。曉得哉。蓋末三十五日前頭可以討娘子个。是否。　是个。第个小官府　本來要下个月討娘子。爲之伊个爺死之末。就叫之十幾个人來預備房子。也用紅黃藍白黑个五色國旗掛起來。大門上末掛之紅。當夜就叫之紅轎咾去擡新娘子來。到之明朝。就去叫之　多化和尚道士來。念之經咾出棺材。拿棺材擡到墳山上去安葬。但是新娘子過來个辰光。　有幾个討飯个跟拉看。第个討飯个實在是强盜。看見新娘子个衣裳趣咾。有多化寶貝个物事。　所以伊拉到之夜頭來。搶脫之一只自鳴鐘咾三百塊洋錢。還有交關寶貝个物事。

Exercise 28.

Based on Lesson 21.

顧先生我要搭儂商量一樣事體。可以否。　商量啥事體。　就是我過年个事體。　梁先生拉　那裡頭過年。　我想鄉到下去。　幾時去。　我想中國个十二月廿六去。　日脚爲啥咾中國　搭之外國是兩樣个。　爲之外國法子。是照之太陽咾算个。中國法子是照之月亮咾算个。　呀。　曉得哉。梁先生要想拉鄉下登幾時。　我想正月初十出來。　實蓋能个日脚。勿是太多否。　我　想是勿多个。因爲年夜頭要算帳咾啥。新年裡末拜年。也是要幾日。　呀隨便末哉。　還有　一樣事體。　啥事體。　請顧先生借一个月个辛俸拉我。好否。　中國个年初一。是外國个　幾時。　是外國个二月十三號。　呀蓋末拉中國十二月廿六。讀好之書。我拿外國二月个辛俸　來撥拉儂。　呀謝謝。

Exercise 29.

Based on lesson 22.

新聞紙上話。拉城裡有一个石匠。好像一顏勿肯守規矩。勿曉得啥个緣故。常庄待慢伊个　娘子。伊个娘子是比伊聰明點。但是氣力勿及伊。伊拉兩家頭常常相罵。伊个石匠日多吃酒。　常時到酒館裡去吃酒。常時拉酒店裡買之酒咾拿到屋裡吃。有一回伊拿屋裡个傢伙去當脫。　拿石匠用个傢生去押脫。勿肯撥啥銅錢拉伊个娘子。娘子罵之伊猪玀。伊就動氣。拿之一管　笛。打伊比前頭更加重。娘子怕要傷伊个性命。蓋咾跑到伊个爺个屋裡。伊个爺差用人到　伊个丈夫个場化來話。倘然儂去磕頭咾認差末。可以送伊轉來。

Exercise 30.

Based on lesson 23.

買辦先生。請儂加添我个工錢好否。我拉此地做出店眞正苦惱。生活是勿容易做个咾。工錢 是勿彀事。伊个西崽也阻擋我做生活。伊昨日叫我替伊揩玻璃盃。我敲碎之一只。伊拿一根 竹頭來打我。前日子伊叫我掮一只方箱子咾拎一桶水。到樓上去。我爲之忒弛瘏咾。叫伊大家 做。伊是勿肯。我問伊放拉那裡末伊也勿肯回頭。今朝雖然落雨。伊叫我出去寄信。我个衣裳 薄咾淋濕之。恐怕要生病。買辦先生回頭話。儂个生活稍爲重个。因爲儂勿會辦事體。儂 應該曉得做出店。搭之做種田人有分別个。我曉得儂是搭西崽勿對。伊指點儂个生活。儂應該 做个。伊待慢儂爲之儂先待慢伊。儂揩玻璃盃个辰光。勿要弄壞伊。儂工錢現在勿好加。 倘然儂做來好末。到開年咾添儂。

Exercise 31.

Based on lesson 24.

舊年春天。 我个朋友借之一座樓房。 開之一爿書坊。 望有賺頭咾發財。 然而勿曾 想到。 伊後來折本。 伊每夜關大門落栅。 關後門用鑰匙來鎖个。 伊雖然蠻當心。 然而 有一夜裡。 雞啼之後。 有一个賊掘之壁洞咾進來。 開之後門。 我个朋友聽見之聲氣 咾。 踈起來。 看見一个人。 拿之一幢書。 拉扶梯上跑下來。 從後門裡逃出去。 爲 之天暗咾。 跌拉一條浜裡。 伊嚇咾喊救命救命。 滿身滾之渾泥。 爲之滑咾煩難拖 伊。 到底末拖之伊起來咾。 撥拉凶个巡捕拖之去。 我个朋友。 查考之末。 曉得伊个 頂寶貝个書。 雖然囥攏拉。 然而撥拉賊偷之去咾。 落拉渾水裡之咾壞脫哉。

Exercise 32.

Based on lesson 25.

有兩个財主人。　出去打寫。　坐之輪車到蘇州。　趁之小火輪船到鄉下去。　看見兩个窮人　拉田裡拔花萁。　叫伊拉來挑物事。　到荒野裡去。　後首來打着之一隻老虎。　叫伊拉兩个　人扛到船上。　稱起來有二百斤重。　量起來有六尺長。　大司務拉船頭上燒飯。　扛老虎　个人。　勿當心咾。　拿檯子帶翻之。　所以有五隻盆子。　兩隻酒盃。　一副眼鏡。　幾碗　小菜。　全落拉爛泥裡。　大司務動氣得極。　拿之一根硬柴。　打之伊个背。　但是有一位 講書先生。　勸和伊拉。

Exercise 33.

Based on lesson 26.

有兩个人愛打獵个。 叫之一隻船咾。 出去打獵。 因爲伊拉要省工夫。 夜頭上船咾。 等 到漲水開出去。 當夜伊拉拉船上修理好之洋鎗。 收作好之火藥咾。 後首末吃烟。 鬭 牌咾擲骰子。 明朝拿船托拉用人。 自家末拎之洋鎗上岸去起頭打獵。 打着之一隻鹿。 兩 隻兎子。 十隻野鷄。 四隻野鵝。 兩隻松鼠。 有一个鄉下人來。 話起伊拉撥野獸偷 吃之伊拉个鷄。 鄉下人想必定是撥拉豺狼。 或者狐狸偷吃去个。 打獵个人話。 我想 是黃狼來偷吃去个。

Exercise 34.

Based on lesson 27.

近來因爲謠言多咾。 要緊收賬。 有一个外國打扮个賬房。 伊手裡拿之一張收條。 到 木匠墻頭去收租錢。 木匠拿之鋸子拉解木頭。 伊个娘子。 拿被頭攤開之咾拿之一只針 拉紉。 小囝末一隻手裡拿餲餅。 一隻手裡拿蛋糕。 賬房叫木匠付賬。 木匠話。 我 現在苦腦來無沒銅錢。 賬房動氣咾。 打之木匠个耳光。 難末相打起來。 賬房大大裡 受傷。 伊个衣裳齷齪來刷勿乾浄。 也打壞之帽子。 伊个頭痛來死。 一个小囝吃之 糕餅咾。 拿之斧頭跑。 跌之咾。 割開之伊个肩胛。 伊个娘就抱小囝到東洋醫生場化 去看。 我想伊拉終要打官司咾。 兩家頭全要收拉監裡。 第个豈勿是坍銃个事體否。

Exercise 35.

Based on lesson 28.

有一位西國娘娘。 叫之一位中國娘娘。 伴伊出門去傳道。 一位中國娘娘。 毀謗一个 大司務。 東家娘娘安慰伊咾。 對伊話。 儂勿可以批評人。 伊話。 第个事體我勿能彀 原諒伊。 我昨日到厨房裡去。 拿一把剪刀咾。 一隻引線。 看見伊拉屏風後頭。 拿之 東家个乾麵。 牛奶。 奶油咾糖。 對自家做一个鷄蛋糕。 我對伊話。 第个是勿應該 做个。 伊話。 第个事體。 勿是儂經手个。 伊旋轉來。 拿之一根大平秤咾趕我出 去。 伊个東家娘娘。 曉得之第个是眞个事體。 就叫大司務來。 勸勉伊。 叫伊悔 改。 就跽下來大家禱告咾求。 神饒赦伊。 第个大司務。 就懊憦伊个錯。 以致做之 得救个人。

Exercise 36.

Based on lesson 29.

有兩个人出去傳道。　叫之一隻船咾。　回頭朋友話。　間日會之咾。　上船去哉。　開船之　後。　看見兩个小囝拉河灘上跑來跑去。　勿曉得是故意呢偶然个。　一个大小囝。　拿小小　囝推之一推。　一个小小囝忽然跌拉浜裡。　幾幾乎沉殺。　伊个小囝喊救命。　船上个　人。　立刻停之船咾拖伊起來。　後首開船。　到之一个鄉村。　伊拉停之船。　有一个老年　个鄉下人來看。　伊話。　外國人船上亦舖毛單个。　一面鏡子大來呋。　外國人那能扯　五色國旗个。　外國人寫好之賬。　拿賬簿放拉抽屜裡咾。　請老年个鄉下人。　到船上　坐坐。　伊个鄉下人。　問咾話。　拉檯子上一本是啥个書。　回頭話。　是聖經。　再問咾　話。　伊个書上寫啥个事體。　對伊話。是寫个上帝愛人个事體。

Exercise 36.

Based on lesson 29.

再問。　第个是啥意思。　回頭話。　上帝是無所不在。　無所不能。　無所不知个眞神。　拿　身體咾性命撥拉人个。　人要曉得眞道理末。　第本書是罷勿得个。　請儂買一本咾帶去好　否。　伊話。　我勿要買。　第个是無啥益處个。　我不過相信今世一生一世个事體。　先生　大略對伊話。　得着之合天下咾。　失脫之性命末。　有啥益處呢。　勿曾仔細勸伊。　伊有　點動氣咾。　仍舊勿肯買。　先生既然看見伊主意立定之。　再勸伊是白白裡費脫功夫。　所以 勿再話哉。　伊个鄉下人話。　再會咾去哉。

Exercise 37.

Based on lesson 30.

古時間中國搭別國。　一顏勿來往个。　近來有化中國學生子。　到花旗國去讀書。　英　國。　德國。　法國。　也有。　伲有一个隔壁鄰舍。　到俄國去做生意咾大吃苦。　一樣末　爲之用拉个人是調皮。　一樣末爲之伊自家懶朴。　伊想登拉店裡用心做事體。　是勿　適意。　伊常庄出去散心咾望望朋友。　有一日伊到郵政局裡去寄信。　想勿到局裡个俄國　人。　用中國話問伊話。　先生貴姓。　回頭話敝姓王。　又問咾話。　請教台甫。　回頭　話。　草字福寶。　再問伊話。　到之敝國幾時哉。　伊話到之貴國兩年哉。　問伊話。　生意　好否。　回頭話一顏勿好。　棧房裡有交關肥皂咾自來火。　一顏賣勿脫。　伊个俄國　人。　應許伊代替賣脫伊棧房裡个貨色。　難末信上貼之人頭。　寄之信。　伊話少陪咾去 哉。　後首第个貨色賣脫之。　是大折本个。

PART II.
ADDITIONAL EXERCISES ON COMMON SUBJECTS.

Exercise 38.

Changing Money.

昨日我出去買物事先到錢莊上去兌銅錢。　我拿出一塊洋錢。撥拉店裸个人咾話。　要兌　角子。　伊話第塊是勿好个。　是銅个咾還拉我。　我再拿一塊撥拉伊咾。伊撥我十一角咾　三个銅板。　貼準伊个辰光。又有一个人上來兌洋錢。但是店裡个人話。　第塊是啞板咾要　鬣銅錢个。　伊个人問鬣幾化。　伊回頭話。只好兌十角咾五十錢。　伊个人話勿要兌哉。　伊　拿之洋錢咾去哉。　還有人上來話。　今朝貼水幾化。　回頭話。一角咾三十錢。

Exercise 39.

Hiring a Coolie.

儂阿是一向做出店个否。　是个。　儂姓啥叫啥。　我姓金。名頭叫阿三。　今年幾歲。　念　五歲。　啥地方人。　本地人。　外國說話儂曉得否。　稍爲懂兩三句。　外國人家个事體。　做過之幾年哉。　不過四五年。　我伲現在少一个出店。儂情願拉此地做否。　情願个。　若然　儂情願做个末。隨便唔事體。要當心點做。　曉得哉。　重頭生活。儂做得動否。　我是年　紀輕咾氣力大个。全做得動个。　早晨頭碌起來。房子裡向先要打掃乾淨。地板要拖得　清爽。有空个時候。玻璃窗常庄要揩揩。有灰塵个地方。也要拏鷄毛撣帚來撣撣。　吠。第　星事體。我全懂个。　做生活要勤緊點。勿可以貪懶朴。　孫先生放心。我終管照儂个說話　做末哉。　若然儂自家有啥事體要出去末。必定先要告訴我。勿可以大作注意。勿回頭我咾　走出去。　第个勿會个。我既然吃之儂東家个飯。終要聽儂東家个說話个。　實蓋蠻好。

Exercise 40.

Hiring a Cook.

大司務儂啥人薦儂來个。　我是萬先生薦我來个。　儂一向拉啥地方做生意。　我一直拉　滙豐銀行个大板屋裡做个。　後來爲啥咾停个。　爲之現在大板回國去哉咾。　吠。從前　儂得着幾塊洋錋一月工錋。　前頭是十二塊洋錋一月。　格末伲現在也撥儂十二塊。好否。　好　个。　若然儂高興拉此地做末。有幾句說話要叮囑儂。頭一末買个物事。要揀價錢便宜个。　勿要用來忒費。　吠。曉得哉。　到之月底。我對儂算賬。　好个。　第二吃个物事。全要新鮮咾弄得清爽。厨房間裡。也要長庄收作乾淨。鐵灶末勿要讓伊有齷齪。烟囱塞沒之末。　要通通。　勿差。第个是要緊个。　第三燒个物事。要燒來熟。若然燒來忒生。吃之要生病个。　滋味末要調和。勿要忒鹹咾忒淡。　吠。第个我全曉得个。　好。實蓋末。明朝早晨。儂就 來上工末哉。

Exercise 41.

The Policeman.

施先生儂近來事體忙否。 喔。孫先生我第兩日事體交關多。所以一顏嘸沒工夫來讀書。 爲 啥咾實蓋忙。 因爲我前个月是當夜差。但是從第个月起頭末。掉之日差哉。 格末日差。 一日要做幾个鐘頭呢。 要做八个鐘頭。 八个鐘頭末。是一淘做个呢。還是分做兩差 个。 分開做个。是上半日一差咾。下半日一差。 上半日啥辰光上差咾落差。 上半日末。 七點鐘上差咾。到十一點鐘落差。 下半日呢。 下半日末。三點鐘起頭。到七點鐘爲止。 夜 差个鐘頭。搭之日差有唔分別否。 有分別个。夜差末少一个鐘頭。做七个鐘頭。 實蓋末。 我想日差只必過多得一个鐘頭。那能會得事體忙之多化呢。 咳。孫先生儂勿曾曉得伲做 巡捕个事體哩。格末請施先生告訴我。 因爲日裏末。拉馬路上走來走去个人多。夜裏末 馬路上个人少。但是人多之末。自然就會有多化事體生出來个。所以日差比之夜差來得 忙也。

Exercise 42.

Buying Woollen Cloth.

先生儂來哉否。　是个。來哉。　請坐。　呒。有哩。謝儂。　先生今朝我嘸工夫讀書。為之　要出去買物事咾。　呒。儂要去買啥物事。　我要去買點衣料。請問先生到啥場化去買頂　好。　我想頂好到大馬路去買。爲之拉伊頭。店家多咾。貨色也頂眞咾有揀選點。　實蓋末。　阿好請先生同我一淘去買。勿曉得先生有空否。　好个。我陪儂一淘去買末哉。　伲就拉第爿　店裏買好否。　好个。　老板伲要買一套衣料。　呒。要買啥个料作。　做大衣个厚呢有　否。　有个。要啥个顏色个。　要元色个。　諾。第个是頂好頭號个料作。再好嘸末个哉。　賣　啥價錢一碼。　第个是十塊洋鈿一碼。　價錢忒貴。可以强點否。　伲店裏个規矩是劃一咾　嘸末還價个。　格末就照儂个價錢。對我剪之一套罷。　好个。　攏總幾錢。請濃開一張發票　撥我。　先生。我買好哉。謝謝儂。對勿住儂。　勿要客氣。再會。

Exercise 43.

Introductory Conversation.

先生尊姓。　敝姓陸。　呋。陸先生請坐。　勿要客氣。　請教陸先生大號。　草字成　文。　貴府那裡。　敝處本地。　現在府上住拉那裡。　舍間拉南門城裡。　陸先生今年幾化　貴庚。　豈敢。虛度三十歲。　拉啥地方得意。　現在勿做啥。閒空拉屋裡。　呋。現在我　想要讀上海土白。陸先生阿可以來帮助我唔。　可以是可以个。我也蠻有工夫个。必過勿　曉得孫先生每日要讀幾化辰光。　我个意思末。每日必過要讀一个鐘頭。　呋。格末是那裡　一个鐘頭。　是下半日五點到六點鐘。第个辰光。陸先生便當唔。　好个。便當个。格末要　幾時起頭。　明朝就起頭。　好。格末我去哉。　慢去慢去。明朝會。

Exercise 44.

Methods of Study.

陸先生好拉否。　好拉。謝謝儂。　請坐。　有裡。勿要客氣。　我現在拏上禮拜所讀个書。　讀撥拉先生聽。請儂聽聽我个口音對否。　儂个口音勿對。勿像上海土白。　爲啥咾勿　對。　因爲儂勿曉得讀中國書个法子咾。　格末要用啥个法子。可以請先生教我否。　可以个。　讀中國書有三个法子拉。頭一末勿要先看書。必過要聽我个口音。因爲書上个羅馬拼音。　勿是全對个咾。靠勿住个。而且儂先看之書上个字。就有一个勿對个聲音。到之儂个腦　子裡。後來再搭儂改正。更加煩難哉。

Exercise 44.—Continued.

Methods of Study.

第二个法子是啥。 第二末要看我个嘴。那能話法。因爲中國話有五个聲音。有个是鼻頭 聲音。有个是牙齒聲音。也有幾个聲音。是從喉嚨裡。舌頭上。搭之嘴唇皮上出來个。所以 必定要看我个嘴。照之我个法子咾話。格末可以便當點。 第三是啥。 第三末要曉得第个字 出風勿出風。 出風咾勿出風。那能話法呢。 出風个字。要話來重點。勿出風个字。話來 輕點。比方千。鎗。聰。第个是出風个字。尖。將。總。就是勿出風个字。若然儂照之第个 三樣法之咾學末。自然會得話中國話哉。 㕭。曉得哉謝謝。

Exercise 45.

Helping the Teacher.

孫先生好拉否。　好拉謝謝。　請坐。　呋。謝謝。　我有幾句說話。要先講撥儂先生　聽聽。　好。請講末哉。　我想外國人學中國話。勿好算十分容易个。　呋。爲啥呢。　因爲　中國說話。有多化音。是拉外國說話上嘸沒个。　呋。第个緣故。我也稍爲明白个。　所以　我看教我个辰光。有三樣頂要緊个事體。第一末。起初教我个辰光。要話來慢。　呋。第个　爲之啥个講究呢。　有講究个。因爲儂話來快末。我聽勿出咾。　呋。曉得哉。　第二樣末。儂話說話个辰光末。要稍爲着重第个口音。比方第个出風个口音。儂要稍爲多出點風。格末　我可以明白點。　第个爲啥个緣故呢。因爲我个耳朵裡向勿曾聽慣中國个聲音咾。第三末。　儂一聽見之我話錯末。就要告訴我咾。對我改正。儂若然照之第个幾樣事體咾做末。可以　大大裡帮助我。　呋。我蠻高興聽儂个說話个。儂第歇還要讀否。　勿要。讀好哉。　呋。　格 末我去哉。明朝會。

Exercise 46.

The Soldier.

有一个種田人。姓毛。因爲伊个生意停脫之咾。想要去當兵。所以伊走到一个招兵个地方去　報名。伊想當兵末身體上可以着得暖。肚裡向可以吃得飽。是頂寫意个事體。伊末也勿愛惜　　啥南邊咾北邊。照伊个意思。只曉得吃啥人个飯。當啥人个兵。伊到底末進之南邊个陸軍隊裡　去。伊个百總。問第个姓毛个人話。儂會得做點啥个事體咾。伊回頭話。我拉鄉下只做歇種田　人个事體。百總再問伊話。儂洋鎗會放个否。伊回頭話。放鎗是啥物事呢。伊拉就拏一支洋鎗　來撥伊看看。再有人替伊拏鎗來放一放。難末第个鄉下人驚駭來抖咾話。謝謝。第个事體我　勿敢做个。格咾伊拉拏一管手鎗撥拉伊手裡教伊放一放。伊一放之末。就攢脫之手鎗咾跑脫哉。　有兩三个兵丁連忙追上去。就追着之伊。伊話謝謝讓我回到屋裡去好否。但是伊个軍隊裡。　因爲兵丁忒少咾。伊拉勿肯放伊轉去。後來我聽見伊拉教伊刷皮鞋咾燒飯咾看馬。做實蓋个　事體。伊末常時話。我勿曾想到當兵有實蓋可怕个事體。

Exercise 47.

Band of Assassins.

陸先生儂近來新聞紙看嘸。　看个。　阿有啥新聞事體。可以講點撥我聽聽否。　有是有个。　但是第兩日新聞交關多。勿曉得儂要我講點啥事體。　我聽見話。近來拉租界上。出仔多化　暗殺个案件。第種事體。拉新聞紙上。儂看着歇否。　看着歇个。實蓋个案件近來已經出仔　十幾樁哉。頂新个案件末。就是殺脫商務書館个總理。名頭叫夏粹方。　吠。我想夏粹方是　蠻有名望个人。爲啥咾要殺脫伊。因爲名望大个人。伊是當大个權柄。能彀做大个事體。　有一班無本事个人。看見之末。心裡就要妒忌咾熬勿得伊。所以咾要暗殺伊。　格末爲啥咾　要叫暗殺。第个名目是啥意思喔。若然儂要我解說暗殺个意思末。第个說話是講起來長拉。　今朝來勿及。下二回再講罷。

Exercise 48.

A Definition of Assassination.

陸先生。儂上回搭我講到暗殺个事體。後來因爲辰光晏哉咾。來勿及講完。今朝再請儂講下去　好唔。　好个。今朝我空垃裡。可以講撥儂聽哉。　蠻好。謝謝儂。請陸先生先解說暗殺　兩个字个意思。因爲我勿曾聽見過第个名目咾。　呋。請儂靜靜能聽拉。我來解說撥儂聽。　暗末是暗洞裏。殺末是殺脫人。意思末。就是登拉荒僻咾冷落个地方打殺人。格咾題伊个　名頭叫暗殺。　呋。是爲之第个緣故。但是我想夏粹方是開殺拉棋盤街上。伊頭是蠻鬧猛个　地方。難道第个也叫暗殺呢啥。　勿差。也是个。因爲暗殺黨个人。若然要動手末。伊一定　拉夜裡做个。而且還有一个意思。比方有人要算計脫伊个寃家。勿是叫明之咾自家對面　打殺个。必定另外叫一个胆量大个凶手。就是俗語所話。殺人勿怕血腥氣个人去代替伊做个。格咾第个也是一樣个叫暗殺也。　呋。曉得哉。謝謝。

Exercise 49.

Extension of the Settlement.

閘北推廣租界个問題。已經長遠嘸末消息哉。但是想勿到拉現在歐洲打仗利害个辰光。第个　一樁交涉。忽然又有進步个說話。前幾日拉閘北。有一个商界上个有名氣个人。話。伊打聽得　上海領事。已經打照會撥拉上海个交涉司楊道尹。要伊拏閘北租界。推放到北浙江路西面　　陸家莊爲止。所有滬寗車站。搭之華興坊天保里啥啥个地界。攏總圈進拉租界裡。現在楊道尹。　正拉打算對付伊拉个方法。後來那能个結果末。還勿能預先料得到也。不過拉閘北賅點地皮个　財主人。搭之有一班靠此活命个地販。聽見之第个信息。拉面孔上。个个全顯出伊快活个面色。　但是拉伊塊。有一排熱心愛國个百姓。曉得之末。立刻驚慌得極。我聽見話。爲之第樁事體。　伊拉已經開會。聚集之多化人。大家商量妥當抵制个法則。舉之一个代表。告稟楊道尹。　請伊照之條約上个律法啥爭論。保全我伲中國自家管理地方个權柄

Exercise 50.

Spring Festival.

中國个風俗。年常到之清明時節末。有一排相信鬼个人。一定要花費脫多化銅錢。買之幾塊　錫箔。摺之紙錠。再買之點長樂錢。一淘裝拉草甏裡。還要燒之幾樣小菜。拷之一壺老酒。　買之一付香燭。擺拉一隻提盤裡。搭之伊一家門个人。到伊鄉下頭祖宗个墳地上去掛墓。　到之伊頭末。先要點香燭咾齋羹飯。難末對之墳山上磕頭咾唱偌。後來末就燒化脫裝紙錠个　草甏。若然有新喪个人末。還要哭咾悲傷。實蓋个事體。若使撥拉新法个人看見之。一定　要冷笑伊个迷信。話伊拉拏有用場个銅錢。做無用頭个事體。但是我想新法个人。雖然話勿　有迷信。恐怕也有花費銅錢个地方。因爲新法規矩。死之人末。朋友咾啥。一定要買蠻貴咾　頂趣个花圈。送撥伊。有銅錢个人末。等到落葬个時候。也要造好看个石碑。種之多化柏樹。　做一个蠻考究个墳山。若然話新法个人勿做虛空个事體。格末第个豈勿也是白費脫銅錢晤。

9 789358 009873

Printed by Libri Plureos GmbH in Hamburg,
Germany